桂かい枝の Let's 英語落語!

桂かい枝（かつら かいし）

「世界の人たちにも落語の楽しさを伝えたい」と1997年より古典落語を英訳し，海外に紹介する活動をスタート。これまでに21か国105都市で300回を超える公演を成功させる。
2007年，文化庁より文化交流使に任命。
2014年，イギリスの「エジンバラ・フェスティバル・フリンジ」にて地元紙より最高評価である五つ星を獲得するなど，世界的にも高い評価を受ける。
中学校の英語教科書にもその活動と英語落語が掲載されている。また，学校での落語公演も精力的に行い，落語文化の普及に取り組んでいる。

ラク美（26歳）

社会人になってから，英会話教室に通ったけれど，続かなかった経験あり。
「語学だけを学ぶより，何か楽しい要素のある習い事のほうが長く続けられる」と思い，英語落語にチャレンジ。

ラク太（14歳）

英語が好きで，いつか海外にホームステイしたいと思っている中学生。
「日本の伝統芸能について話すことができれば，コミュニケーションのきっかけになるかも」と考えている。

お二人の「英語落語」チャレンジをお手伝いする，桂かい枝です。「英語落語」のおもしろさをバッチリお伝えします。楽しくがんばりましょう！

はい，よろしくお願いします！

どうして英語落語？

まず，二人はどうして英語落語をやってみようと思ったの？

ボクは高校生になったらホームステイしたいなと思っているんですけど，そのとき何か日本文化について話したり実際にやって見せたりできれば，コミュニケーションのきっかけになる気がして，英語落語に興味を持ちました。

たしかに，落語は400年の歴史を持つ日本オリジナルの芸能だからね。しかも笑いは世界の共通語！　知らない人同士を近づける大きなきっかけになるよ。

私は楽しみながら英語を身につけられる習い事を探しているときに英語落語のことを知って，おもしろそうだなと思ったんです。英語と落語，両方学べるなんて一石二鳥ですよね。

楽しみながらっていうのは大事だね。英語落語の英会話は日常会話が中心だし，知らない単語も表情やしぐさを見るだけでなんとなく想像がつくから，難しく考えなくて大丈夫！　気軽にスタートできます。それに外国人に英語で話しかけても，伝わったかどうか，なかなかわからないけど，笑いは簡単。相手が笑えば伝わったってことだから，喜びも倍増しますね。

- かい枝師匠は，どうして英語落語を始められたんですか？
- 外国の人たちがもっている，日本人のイメージを変えたいと思ったことがきっかけかな。世界では，日本人は真面目で勤勉だけどユーモアの感覚が乏しい国民って思われがち。でも，そんなことないでしょ？
- うん。人気のお笑い芸人さんもいっぱいいますよ。
- 日本は狂言・落語・漫才・喜劇・コントなど笑いの芸能のバリエーションが豊かだし，ふだんの暮らしにも笑いがあふれている。ただちょっと英語が苦手なのと奥ゆかしいので，うまく発信ができていないだけなんです。せっかく落語っていうすごい芸能があるんだから，世界の人たちに伝えて笑わせたい，日本人のイメージをガラッと変えたい，そんな熱い思いをいだいて英語落語への取り組みがスタートしました。1997年のことです。
- 私も本当はおしゃべりなのに，英語で話しかけられたときだけ文法のまちがいが気になって話せず，すっかり無口な人になっちゃった経験があって…。英語コンプレックスが解消できればいいんですけど。
- 心配しなくても，大丈夫！ 英語で「聴いて笑える」「見て笑える」がモットーの英語落語で大笑いすれば，英語コンプレックスなんか吹き飛んじゃいますよ！

v

もくじ

Let's 英語落語！ ～きほん編～

Lesson 1 ～落語の約束ごと～	…………………	2
Lesson 2 ～一口小噺トレーニング～	…………………	4
Lesson 3 ～英語で小噺にトライ！～	…………………	6
Lesson 4 ～落語の表現いろいろ～	…………………	10

Let's 英語落語！ ～じっせん編～

動物園　The Zoo ──────────── **14**

① **動物園の事務所を男が訪ねる** ………………… **14**
　　ここが Point　視線はゆっくり振る　15
　　ここが Point　手ぬぐい　17

② **園長の面接を受ける男** ………………… **18**
　　ここが Point　"into this uniform"　19

③ **園長がトラの毛皮を持ち出してくる** ………………… **20**
　　ここが Point　"be a tiger"　21
　　ここが Point　「激減」をしぐさで　21
　　ここが Point　気持ちの変化を表情豊かに　23

④ **トラの毛皮を着てみる男** ………………… **24**
　　ここが Point　トラの毛皮を着る　24

⑤ **トラの歩き方の見本を示す園長** ………………… **28**
　　ここが Point　トラの歩き方　28

⑥ **男はトラになって檻に入る** ………………… **30**
　　ここが Point　立ち位置の変化　30
　　ここが Point　鍵をかける　31
　　ここが Point　リラックスした雰囲気　33

⑦ **子どものドーナツに目がいくトラ** ………………… **34**
　　ここが Point　声のボリューム調節　35
　　ここが Point　親子の会話　36
　　ここが Point　物の動きを表現　37

⑧ **頭をめくってドーナツを食べるトラ** ………………… **38**
　　ここが Point　"Thank you!"　38
　　ここが Point　人間のように動く "トラ"　39

⑨ **客を驚かせようとするトラ** ………………… **40**
　　ここが Point　犬の鳴き声　41

⑩ **場内放送を聴くトラ** ……………………………… 42
　　ここが Point　場内放送　43
⑪ **トラの檻の前でしゃべる司会者** ……………… 44
　　ここが Point　扇子をマイクに　45
⑫ **ライオンがトラの檻に入ってくる** …………… 46
⑬ **近づくライオン** ………………………………… 46
　　ここが Point　本気で怖がる　47
⑭ **ライオンが大きな口を開ける** ……………… 48
⑮ **ライオンが男にささやく** …………………… 48
　　ここが Point　全力の叫びからオチへ　49

松山鏡　The Matsuyama Mirror ————— 50

① **親孝行の庄助に，代官が褒美をつかわそうとする** … 50
　　ここが Point　空気（雰囲気）をつくる　51
　　ここが Point　目線で立場を表す　53
② **亡くなった父に会いたいと望む庄助** ………… 54
　　ここが Point　"代官" のしぐさにひと工夫　55
③ **代官が庄助の望みについて思案する** ………… 56
　　ここが Point　"代官" と扇子　57
④ **鏡を見て驚く庄助** ……………………………… 58
　　ここが Point　箱の中身はなんでしょう？　59
　　ここが Point　扇子を鏡に見立てる　60
⑤ **代官から鏡をもらいうける庄助** …………… 62
　　ここが Point　"NOT" を力強く　63
⑥ **庄助の様子を怪しむ女房** …………………… 64
　　ここが Point　地の語りで後半スタート　65
⑦ **鏡を見つけて怒る女房** ……………………… 66
　　ここが Point　鏡に悪態をつく "女房"　67
⑧ **言い合いになる庄助と女房** ………………… 68
　　ここが Point　上下をきっちりと　69
　　ここが Point　かけあいを楽しく　71
⑨ **庵主が夫婦ゲンカの仲裁に入る** …………… 72
　　ここが Point　三人の人物を演じる　73
⑩ **庵主が鏡を見る** ……………………………… 74
　　ここが Point　"became a nun"　75

あとがき ……………………………………………… 77

Lesson 1 ～落語の約束ごと～

😀 落語にはいろいろな約束ごとがありますけど，とにかくこれだけは覚えておかなきゃいけないってことをご説明しましょう。まずは「上下（かみしも）」について。上下ってなんだかわかりますか？

👧 舞台の上手（かみて）と下手（しもて）のことでしょうか。

😀 正解！ 落語の舞台，高座（こうざ）を客席から見たときに，右側が上手，左側が下手です。一人で複数の人物を演じるので，会話している人たちの関係性がわかるように，誰がどの位置にいて，どこを見て話すか，あらかじめ決まっているんですよ。

🧑 そのきまりを知っていれば，ストーリーがわかりやすくなりそう！

😀 身分や立場が上の人・家の中にいて出迎える人は上手にいて，話すときは下手を向く。反対に下位の人・家の外から訪ねてきた人は下手にいて，話すときは上手を向く。これが基本です。

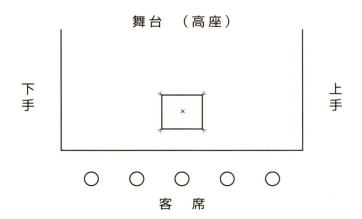

- それじゃ，お殿様と家来の場合，それぞれどちらを向いて話すか考えてみましょうか。
- えーっと，身分が上のお殿様がいるのは上手。話すときは下手を見るから顔は右向きだ。
- 家来はその逆ですね。下手にいて，話すときは左向きになって上手を見ます。
- そのとおり！　こんなふうに顔を左右にふり分けて違う人物を演じることを「上下をつける」といいます。

身分や立場が上の人
(家の中)出迎える人

身分や立場が下の人
(家の外)訪ねてきた人

Lesson 2 　〜一口小噺トレーニング〜

🙂　落語の第一歩，一口小噺で上下をつけるトレーニングをしましょう。

- （左を見て）鳩が何か落としていったよ。
  （右を見て）ふ〜ん。

- （左を見て）隣に囲いができたね。
  （右を見て）へー。

- （左を見て）お母ちゃん，パンツやぶれた。
  （右を見て）またかい。

- （左を見て）Feed the horse. ／馬に餌をやっておくれ。
  （右を見て）Hay. ／おう（わらだね）。※返事のheyとhay（わら）は同じ発音。

🙂　向きを変えるときは，首を軽く振る程度で大丈夫。目線はあまり下のほうを見すぎず，普通に人と対話している感じにしましょう。

🙂　首を大きく動かしたほうがわかりやすいってわけじゃないんですか？

🙂　見ている人に二人の人物を想像させるには，ただ大きく首を動かすよりも，しっかりと同じ位置に目線を定めることが大事です。首を振ったとき，上下でそれぞれ見るものを決めておくといいですよ。

目線は下げすぎない

4　Let's英語落語！〜きほん編〜

目線が人物を演じわける際のポイントになるんですね。

 そうです。ほかには目線で物の長さや大きさだったり，物の動きや速さを表現することもできます。もちろん，目で喜びや驚き，恐怖を表したりもできますよ。

目線の表現

長さ（刀）

大きさ（木とアリ）

動き（鳩）

Lesson 3 ～英語で小噺にトライ！～

🧑 続いて少し長めの小噺です。ラク美さん，目線での表現を意識しながら「初めての手術」をやってみてください。

👧 はい，やってみます！

● 小噺「初めての手術」*-

 a patient：（右を見て）**I'm scared because this is my first surgery. I don't know what to do.**

 a doctor：（左を見て）**Neither do I. This is my first surgery, too.**

 患者：私，初めての手術で怖いんです。大丈夫でしょうか？
 医者：私だって初めての手術ですから。

*-

🧑 しっかり声が出ていていいですね！　大きな声で，語尾まではっきりと話せば，それだけでも聞く人に伝わります。一方，声色ですが，ラク美さんはお医者さんの声をかなり低めにしましたね。

👧 はい。患者さんを女性，お医者さんを男性だとイメージして声を変えました。

🧑 なるほど。人物を自分のなかでイメージしながら演じるのはいいことですが，声色はそこまで変えなくて大丈夫ですよ。徐々にわかってくると思いますが，自分の声で自分の調子を生かすのが落語。だから，無理に声色を変えるよりも，一本調子になって聞くほうがだれないよう，声の強弱や早さのメリハリなどで人物に特徴をつけないとね。

👧 声色以外の部分でメリハリをつけるのも工夫のしがいがありますね。一本調子にならないよう注意します。

じゃあ，次はラク太くん。「ケチ」をお願いします。

はい！　あっ，知ってる小噺だ。

●小噺「ケチ」-*

A：（右を見て）**Hey, let me borrow your hammer.**
B：（左を見て）**No. I'm afraid you'll make it chip.**
A：（右を見て）**What? Hammers never chip.**
　　　　　　　You are so mean and tightfisted.
　　　　　　　Fine, I'll just use mine.
A：おい，おまえのハンマーを貸しとくれ。
B：やだよ。欠けちゃうだろ～。
A：なんだって，ハンマーが欠けるわけないだろ。
　　ケチなやつだな～。
　　しかたない，自分のを使うか。

-

目線の動かし方，うまいですよ。ラク太くんは「ケチ」のお話を知っていたようだけど，暗記していたのかな？

丸暗記ってわけじゃないですが，だいたい覚えていたので，あまり緊張せずにできました。

たしかに英文が頭に入っていると，安心だよね。ただ，そのせいか少し早口になってしまったのがもったいないかな。

無意識に早くなっていたかも。聞きとりづらかったですか？

落語でもっとも大切なことは間（ま）だと言われてますからね。あまり練習しすぎて覚えた文をスラスラ話してしまうと，聞き手がついていけなくなっちゃいます。特に英語落語の場合，文と文のあいだの間は，聞き手が英語の意味を理解するためにも重要なんです。

Lesson 3　7

そうですね。いまは小噺だからいいけれど，落語だったらって想像すると，もっと長いし，間がなければ理解できなくなりそうです。

演者は慌てず，言葉に感情を注入することや，顔の表情を加えたり抑揚をつけて話すことを心がけましょう。

話を覚えたら終わりじゃなくて，そこからがスタートなんですね。間についてほかに気をつけることはありますか？

落語は読んで字のごとく落とし話。「下げ」とも言われるオチのために話を仕込んでおいて，最後に少し間をとって大きめの声でオチの言葉を発すると効果的ですよ。

かい枝師匠のお手本を見せていただけませんか？

わかりました。それでは，笑いが凝縮されている小噺を。

●小噺「美術館にて」-*

In an art gallery, one lady asked.

（ここは客席を見渡すように，語りかけるように）

a lady：（正面の絵を見て指さしてから，係員がいるイメージで左側を見て）**Excuse me, this is *a Da vinci, isn't it?**

＊ a ～…「～の作品」

an attendant：（右を見て）**No, madam, this is a Monet.**

a lady：（同じく，正面の絵を見て指さし，左側を見て）
Excuse me, this is a Monet, too.

an attendant：（右を見て）**No, madam, this is a Da vinci.**

a lady：**Oh, I know this picture. This funny face is really famous one. This is a Picasso, isn't it?**

an attendant：**No, madam. This is a mirror.**

ご婦人が絵を指さしながら，係員に聞きました。

　婦人：この絵はダ・ヴィンチよね？
　係員：いいえ。モネでございます。
　婦人：この絵も，モネよね？
　係員：いいえ。こちらがダ・ヴィンチでございます。
　婦人：この絵は知ってるわ。有名な絵よね。顔がぐちゃぐちゃで。
　　　　この絵はピカソでしょ？
　係員：いいえ。鏡でございます。

--*-*-*-*-*-*-*-*-*-*-*-*-*-*-*-*-*-

- ありがとうございます！　間をしっかりとると面白さが増すんだってよくわかりました。
- 短いやりとりなのに，かい枝師匠の目線や動きから絵の飾られている美術館の様子をイメージすることができました。
- それはうれしいですね。聞く人のイマジネーションがあってこそというのも落語の特徴です。
- 女の人のパートは，声色がそんなに変わっているわけじゃないのに，すごく女性らしくて，こんな人いそうだな～って思いました。
- 落語にはいろんな人物が出てきますけど，その人たちをそれらしく表現するのは演者の楽しみですからね。

Lesson 4　〜落語の表現いろいろ〜

　人物の基本的な演じ方には、こういった例がありますよ。自分でオリジナリティが出せるよう工夫してみましょう！

- 女性 … 少しななめに座り、体の動きをやわらかく。
- 子ども … ハキハキ元気よく。トーンを高くしゃべる。
- 老人 … トーンを低く、ゆっくり落ち着いて話す。
- 職人 … せっかちに勢いよく話す。
- 武士 … 背すじをのばし、威厳をもって。
- 殿様 … おっとりと上品に話す。
- 商人 … あいそよく、ニコニコ笑顔で。
- 酔っぱらい … 目線を定めず、シャックリをしながら、ゆっくり話す。

　これらは、あくまでも参考です。自分の持つイメージで、その人物の気持ちになって演じるのがいちばんですよ。

〈女性〉

〈職人〉

〈武士〉

〈商人〉

🙍‍♀️ かい枝師匠,イメージをふくらませるのに役立つ落語らしいものといえば,扇子や手ぬぐいがそうですよね。

🙎‍♂️ そう! 落語では,衣装や大小の道具類,背景などをいっさい使いません。かわりに扇子や手ぬぐいでさまざまなものを表現します。

🙋‍♂️ ボクは落語といえば,まっさきに扇子を動かしてそばを食べているところを思い出します。

🙎‍♂️ みなさんが思い浮かべる,とても落語らしいしぐさですね。もちろん,それだけじゃないですよ。

◎ 扇子 … 箸,徳利,杯,刀,傘,筆,そろばん など。
◎ 手ぬぐい … 手紙,本,やきいも,財布,煙草入れ など。

🙎‍♂️ ほんの一部ですが,こんなふうにいろいろなものに見立てて使うことができます。見る人をイマジネーションの世界に引き込むためにも,よりリアルなパントマイムを追及してみてください。

🙍‍♀️ 見せ方によってストーリーの伝わりやすさが変わってくるということですよね。しっかり練習しなくっちゃ。

🙋‍♂️ しぐさの練習もがんばります!

財布からお金を出す

手紙を書く

そばを食べる

Lesson 4   11

- さぁ，手始めに小噺からやっていただきましたが，ここまでで何か質問はありませんか？
- かい枝師匠，すごく基本的なことなんですが，ボク，あまり正座の経験がなくて長時間できるか心配なんです。
- なれてないと，すぐにシビれちゃいますからね。
- 私も，正座はそんなに得意じゃないな…。正座をしていると動きにくくないですか？
- 正座をすることによって動きが制限されているように見えるかもしれませんが，お客さんの頭の中では，逆にさまざまな動きをイメージすることが可能になるんです。なので，これも落語の醍醐味と思って，少しずつなれていってください。
- 落語の醍醐味かぁ。足がしびれない正座の仕方ってありますか？
- 途中でヒザ立ちになったり，座り直したりして，しびれないように工夫しましょう。どうしても無理な場合は，お尻の下に敷くイスもありますよ。
- よかった〜，それなら安心だ。

動物園
The Zoo

あらすじ：無職の男，「アルバイト募集」のチラシを手に，やって来たのが動物園。死んでしまったトラの毛皮を着て檻に入り，トラのフリをするという不思議な仕事を引き受けることになりました。いよいよ動物園が開場しますが，果たしてその結末は……？

さぁ，いよいよ本格的な英語落語に挑戦です。

一席目の『動物園』は，海外のどこでやっても大ウケするそうですね。

どこでも大ウケって，すごい！　難しそうだけど，できるかな…。

大丈夫！　奇想天外なオチで大爆笑まちがいなしだから初心者でも演じやすいですよ。

なれてなくても，笑いをとりやすい演目ってことなんですね。

それはいいな〜。よし，めざせ大爆笑！

では，『動物園』スタートです。

---

① 動物園の事務所を男が訪ねる ━━━━━━━━━━

A man comes to a zoo, holding a flyer about a job opening.

「アルバイト求む！　○△動物園」というチラシを持った男が，動物園へとやってきました。

Man : Hello! Is this the zoo?

　男：あの〜，ここ，動物園ですか？

Director : Yes, it is. May I help you?

　園長：ええ，そうですけど。なにかご用事でも？

14　Let's 英語落語！〜じっせん編〜

ここが Point 視線はゆっくり振る

- まずは、地の語りから。
- 状況を説明するナレーションのような部分ですね。
- 早口にならないよう話すスピードに注意しながら、会場全体を見渡すつもりで、ゆっくり顔を動かしましょう。
- 人物を演じるときと違って、一点を見ないんですね。

- 登場人物の向きはわかりますか？
- 動物園を訪ねてきた"男"は上手側、左を向いていて、出迎えた"園長"は下手側、右を向いています。
- 正解！ "男"のときは舞台から見て客席の左後ろを、"園長"のときは客席の右後ろを見ます。
- お客さんが混乱しないよう「この人はこっちを向く」というルールをきちんと守るのがポイントですね。

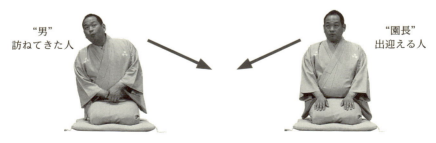

"男" 訪ねてきた人　　　　　"園長" 出迎える人

動物園 15

Man : **I saw that you are looking for someone to work at your zoo. It seems like an unbelievable job.**

男： このチラシを見てきたんですけど，ええ仕事があるとか……。

Director : **Oh, you saw the flyer? Great! Thank you for coming! My name is Hasegawa, the director of this zoo.**

園長： ええっ！ チラシを見てきてくれはりましたか？ いやあ，よかったよかった。 よう来てくれはりましたなあ。私ね，この動物園の園長やっとります，長谷川と 申します。

Man : **Hello, Mr. Hasegawa. Nice to meet you.**

男： あ，長谷川さん？ どうも初めまして。

Director : **So, you are looking for a job. What great timing!**

園長： 仕事を探してはるんですね。いやあ，そら，ちょうどよかった。

Man : **You are offering an unbelievable job, right? The flyer says, "Working hours 10am to 4pm. No heavy lifting, no thinking and no communication skills required. Uniform and lunch provided, and nap time also included. Easy job that anyone can do. 10,000 yen per day."**

男： 「ええ」仕事っていうのはほんまですか？ チラシには「勤務時間は，朝10時か ら夕方4時まで。力仕事なし，頭をつかうことなし，人との応対もなし，昼飯・ 昼寝つきで，制服も貸し出しあり，気楽に誰でもできて，日給1万円」って書い てましたけど。

ここが Point　手ぬぐい

- 手ぬぐいの見立てだ！
- チラシとして使っているんですね。
- そのとおり！　"男"が"The flyer says,～"と仕事内容を読み上げるところでは，チラシに見立てた手ぬぐいに文字が書かれていることを頭の中で想像しながら話しましょう。

アルバイト募集
■勤務時間：
　朝10時から夕方4時まで
●力仕事なし　　●頭つかうことなし
●人との対応なし　●昼飯・昼寝つき
●制服貸し出しあり
　　　　…気軽にだれでもできます。
■日給：1万円
〈応募〉動物園まで直接お越しください

動物園

②　園長の面接を受ける男

Director : **Yes, that's right. "Working hours 10am to 4pm. No heavy lifting, no thinking and no communication skills required. Uniform and lunch provided, and nap time also included. Easy job that anyone can do, 10,000 yen per day." Not a single lie.**

園長：もちろん，ほんまです。「朝10時から夕方4時まで。力仕事なし，頭をつかうこともなし，人との応対もなし，昼飯・昼寝つきで，制服も貸し出しあり，気楽に誰でもできて，日給1万円」……うそやいつわりは一切ありません。

Man : **That sounds like an awesome job! I would love to have it!**

男：へえ，それはよさそうな仕事ですね‼　私，やります！　やらしてください！

Director : **All right. Let's start the exam.**

園長：わかりました。ほな，採用試験しましょか。

Man : **Exam? There's an exam?**

男：さ，採用試験？

Director : **Yes. Would you stand up straight? Hmm... I see. Now get down on all fours... OK, you're hired!**

園長：ええ。ちょっと，立ってみてください……ああ，なるほど。今度は四つんばいになって……。はい，合格！

Man : **I'm hired? What? That's it?**

男：え，合格って，それだけですか？　ほかに聞くこととか，ないんですか？

Director : **Yes, I know everything I need to know. Let's get you started. First, change into this uniform.**

園長：ええ，全部わかりました。さっそく仕事にかかってもらいましょ。まず着替えてください，この制服に。

ここが Point "into this uniform"

"園長"が渡す制服は、ただの作業着なんかじゃありません。その普通じゃない感じが伝わるようにしぐさを工夫してくださいね。

はい、受け取った"男"のリアクションで表現できそうです！

"園長" 奥から毛皮を取り出す

目の前に置く

"男" 毛皮を見て驚く

動物園 19

③　園長がトラの毛皮を持ち出してくる ━━━━━━━━━

The director, Mr. Hasegawa, brings out the uniform from the back and gives it to the man. The man is surprised to see what it is: a fluffy tiger suit.

園長の長谷川さんは, 奥から制服を出してきて, 男に手渡しました。手渡された制服を見て男はビックリ！　なんとそれはフカフカしたトラの毛皮だったんです。

Man : **What is this? Is this my uniform? It's a tiger suit! Oh, I get it. I'm going to wear this and walk around promoting the zoo, right?**

男：なに？　なんですの。これ？　これが制服？　制服って, トラの毛皮やないですか！ ああ, そうか！　これを着て, 歩きながら動物園の宣伝するんですね？

Director : **No, no. You will wear this uniform, go into the tiger's cage, and be a tiger.**

園長：いえいえ。その毛皮を着て, 檻(おり)に入って, トラになってもらいます。

Man : **Be a tiger.... Be a tiger? Wait, what? A tiger? What do you mean by being a tiger?**

男：ああ, なるほどトラにね……ええっ‼　ト, トラ⁉　トラになるって, どういうことですか⁉

Director : **Well, to tell you the truth, we used to have a tiger that was the most popular animal at our zoo, but unfortunately that tiger died recently. Since then the number of visitors has decreased. So then I came up with the idea that if someone wore a tiger suit and acted like a tiger in the cage, no one would know the difference.**

園長：事情をお話ししますとね。実は, うちの動物園一の人気者だったトラが, こないだコロッと死んでしまいましてね。それ以来, お客さんが激減しまして。で, 考えたんですわ。人間がトラの毛皮を着て, 檻に入って, トラのまねをしてれば, お客さんはだまされるやろういうて。

20　Let's 英語落語！〜じっせん編〜

ここが Point "be a tiger"

- "be a tiger"（トラになるのだ）は「まさか！」のちょっとユーモラスなセリフ。
- 3種類の"be a tiger"それぞれに言い方のコツはありますか？
- まず"園長"はごくあたりまえというふうに小さくサラッと言います。そのセリフを受けた"男"も1回目はサラッと，でもそれがおかしいことに気づいた2回目は驚いた表情でオーバーに言ってみましょう。

"男"： Be a tiger….　　　　Be a tiger?

フツーの顔　　　　　　　　　驚いた顔

ここが Point 「激減」をしぐさで

- ここでのしぐさは，どうしましょ？
- 肩を落として泣きそうな表情とか。
- なるほど，わかりやすい！ 大きなアクションをプラスして「お客さんが激減した(decreased)」ことを表現できると，なおいいですね。

de-

-creased

動物園

Director : **I didn't think anyone would want this job. I still can't believe you want to be a tiger. What a foolish (stupid) guy… Oh, I mean, I really appreciate your interest. So, do you have any experience being a tiger?**

園長： トラの檻に入ってトラのまねするなんて，そんなアホなことする人，まさかいてないやろと思ってたんですけどね，こう簡単にそんなアホな人が……いやいや，そんなア……ア……ありがたい人が出てくるとは，結構なこっちゃなあ言うて。ところで，あなた今まで，トラのご経験は？

Man : **Of course not!** **How can anybody wear a tiger suit and go into a cage as a job? First of all, the flyer said no heavy lifting.**

男： あるわけないでしょ！ トラの毛皮を着て，檻に入るって，そんなアホな仕事やれるわけないでしょ。あのね，第一，チラシに書いてたでしょ。力仕事なしって。

Director : **No heavy lifting. All you have to do is wear the uniform.**

園長： 力仕事ありません。毛皮を着てるだけで結構です。

Man : **It also said no thinking required.**

男： 頭をつかうこともないって……。

Director : **It's not required. All you have to do is stay in the cage.**

園長： 頭つかいません。檻に入ってるだけでいいんですから。

Man : **Plus, I don't like to communicate with people.**

男： それに私，口べたで……。

Director : **Tigers don't talk.** **We don't want you to talk. Like the flyer said, lunch and uniform provided, comes with a nap, working hours 10am to 4pm for 10,000 yen a day.**

園長： トラは黙っててもらわないと。もの言われたら困ります。昼飯・昼寝つきで労働時間は朝 10 時から夕方 4 時まで。制服も無料で貸し出し，そのうえ日給 1 万円。

Man : **Hmm… I see. I guess you're right. This is an** **Unbelievable** **job. OK, I'll give it a try.**

男： ……なるほど。よう考えたら，たしかにええ仕事ですね。わかった，やってみましょ。

22　Let's英語落語！〜じっせん編〜

ここが Point 気持ちの変化を表情豊かに

- 結局，トラになることを引き受けちゃった!?
- 興奮気味の"男"と，それをすました口調で丸めこんでしまう"園長"のやりとりがおもしろいですね～。
- "男"の気持ちの変化や"男"と"園長"のテンションの違いを表情豊かに表現すれば，お客さんをさらにストーリーの中へ引き込むことができますよ。

"男"：
Of course not!

"園長"：
Tigers don't talk.

"男"：
OK, I'll give it a try.

動物園　23

④ トラの毛皮を着てみる男 ━━━━━━━━━━━━━━━

Director : **Great. Let's get started. Would you put on the tiger suit?**

園長： ほな，さっそく，着てみてもらえますか，このトラの毛皮？

Man : **OK. Wow, this is a huge tiger. Where do I even start? Maybe, first with my legs, then arms, head and zip it all up… Well, how do I look, Mr. Hasegawa?**

男： わかりました。わあ，こりゃ，大きなトラやなあ。足をこう入れて，手を入れて，頭をかぶって……ジッパーを，ジジジジジ…ッと。どうです？　似合いますか？

Director : **How do you look? You're a tiger! Don't sit on the chair, get up!**

園長： 「似合いますか」って？　あなたはトラになったんですよ。いすに座ってどないするんですか。さっさと立ち上がって！

The man stands up inside the tiger suit.

男は，トラの毛皮を着て，立ち上がりました。

Director : **OK, now walk around.**

園長： はい，歩いてみてください。

ここが**Point** トラの毛皮を着る

さぁ，前半の見せ場です！

毛皮を着る動きで盛り上がるんですか？

ここをうま〜く演じれば，お客さんがストーリー全体にリアリティーを感じてくれます。

大事な場面なんだ。しっかり練習しなくっちゃ。

24 Let's 英語落語！〜じっせん編〜

毛皮を広げる

Wow, this is a huge tiger.

動物園 25

足を入れる

手を入れる

26　Let's 英話落語！〜じっせん編〜

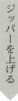
頭をかぶる

Well,

ジッパーを上げる

How do I look, Mr. Hasegawa?

⑤ トラの歩き方の見本を示す園長 ━━━━━━━━━━━

Director : **No, no. Don't walk on two legs! You're a tiger, so walk on all fours.**

園長：ちがうちがう，なんで二本足で歩くねん。あんたトラになったんやで。四本足，四つんばいで歩くんです。

Director : **No, no. You're a terrible tiger! Tigers don't walk like that. Here, let me show you. Watch carefully. 1, 2, 3…**

園長：（四つんばいになった男を見て）あかんあかん。あんたへたやなあ。トラはそんな歩き方しませんがな。私が見本見せますから，よう見てください。よろしいか？1，2，3……

The director walks on all fours in front of the man. He moves his arms right, left, then right and takes a pause. Tilting his head to the side, he lets out a roar. He then repeats these movements and sounds.

園長は，男の前で四つんばいになって歩いて見せました。右，左，右と，手を動かして止まり，首を横に向けて「ウォー」とほえ，また左，右，左と，交互に手を動かして止まって，横を向いてほえ…を繰り返しました。

ここが Point　トラの歩き方

トラの歩き方をレクチャーするなんてばかばかしいことを真剣にやっていて，思わず笑ってしまう場面です。しかもこの部分はオチの伏線になっていますよ。

オチの伏線!?　ここも重要だな～。

"園長"のお手本に"男"が感心するとき，お客さんも同じ気持ちで拍手を送ってくれる。そうなれば上出来だね！

28　Let's 英語落語！～じっせん編～

動物園

⑥ 男はトラになって檻に入る

Man : **Wow! You're really great at acting, Mr. Hasegawa! You should be the tiger.**

男： いやあ，うまいうまい。長谷川さん……，あんたがトラやり。

Director : **Are you crazy? You're going to be the tiger. Come on, get in the cage. OK, I'm going to lock the cage now.（Creak! Slam!）**

園長： なに言うてまんねん。あんたがやりまんねん。さあさあ，檻に入って。ほな，鍵をかけますよ。（ギー，ガチャン！）

Man : **Wait a minute! Why did you lock the cage? Don't worry. I won't try to escape like a real tiger.**

男： ちょっと，鍵なんて，かけんといてください。大丈夫ですよ。私，本物のトラみたいに逃げたりしませんから。

Director : **Sorry, but the visitors will naturally be concerned if the cage is unlocked.**

園長： いやいや。鍵がかかっていないと，お客さんが心配するでしょ。

ここが Point 立ち位置の変化

"男" が檻に入ったところで上手と下手が入れ替わります。

今度は "男" が上手で "園長" が下手。忘れないようにしないと。

30　Let's 英語落語！〜じっせん編〜

	"男"	"園長"
檻に入る前	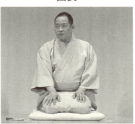	
檻に入ってから		

ここが Point 鍵をかける

- 細かなしぐさですが，後半のストーリーに関係する前フリなのでしっかりお客さんに見せましょう。
- ちゃんと意味があるんですね。続きが楽しみです。

Man : **Um, Mr. Hasegawa? Can I smoke in here?**

男：……あの〜　すんません，長谷川さん。ここでちょっと，一服してもよろしいか？

Director : **Are you out of your mind? Have you ever seen a tiger smoking a cigarette in a cage? No smoking until you finish your job.**

園長：あんた，アホか。あんたね，トラが檻の中でタバコ吸ってるの見たことあります？仕事が終わるまで，タバコは我慢して。

Man : **Fine, fine. I'll call out your name if I have any more questions, Mr. Hasegawa!**

男：へえへえ，わかりました。長谷川さ〜ん！　またわからんことがあったら，呼びますんで。

Director : **Why would you do that !? Don't call for me! No tiger yells "Mr. Hasegawa" from inside a cage! Alright, it's time to open up the zoo. I have to go! Good luck!**

園長：呼んだらあかん‼　トラが檻の中から，「長谷川さん，長谷川さん」って叫んだら，おかしいでしょう。呼ばんといてくださいよ。ほな，もうすぐ開園しますから，よろしく頼みましたよ！

32　Let's 英語落語！〜じっせん編〜

ここが Point リラックスした雰囲気

- 檻に入ってからの"男"は，何の不安もなく楽しげな様子で．
- 完全に気を抜いている感じですね．
- そう，このお気楽さがラストの緊迫感を際立たせてくれます．

"園長"
Don't call for me!

"男"
I'll call out your name.

動物園 33

⑦ 子どものドーナツに目がいくトラ

Tiger (Man): Wow, look at all the visitors. It's a *full house! So many kids. What? Those kids are saying something. What are they saying? "That tiger's face is scary"? What? I should take my head off and welcome them to the zoo. They'll be shocked for sure!

*full house…「(会場などが)大入り, 満員」

Hmm? That kid is eating something. Oh, he's eating a doughnut. Ugh, I'm getting hungry and that doughnut looks yummy. I want to eat it. Oh, I know! **"Rawwwwrrrrrr!** Hey, give me that doughnut! Yes, that thing in your hand. Throw it to me."

トラ(男): うわぁ～, お客さん入ってきた, 入ってきた, 大入りやなあ。子どもが多いなあ。あら？ あの子ら, なんか言うてるで。なになに？「あのトラ, こわい顔してる」？ なにを言うてるねん！ このトラの頭取って,「まいど」って言うてみたろか？ 絶対びっくりしよるでぇ～。あれ？ あの子, なにか食べとるなあ。あ, ドーナツ食べてる。うまそうやなあ。ああ～, おなか減ってきた。うまそうなドーナツやなあ。あれ食いたいなあ……。そうや！「ガオー, ガオー！ おい, ドーナツくれ。そうそう, そのドーナツ, ちょっと放ってくれ」

檻の外を眺める

ここが Point 声のボリューム調節

男の子を見つける

- しゃべりながら歩いている途中で客席を見渡した"トラ"が男の子を見つけて，その子に目線を固定します。ここまでずっと，ささやくような小声ですよ。

- 独り言だから小さい声なんだ。

- でもドーナツを食べたくなってしまって，男の子に気づかれるような気づかれないような，なんともいえないそぶりで歩きながら，大声で"Rawwwwrrrrrr!"とうなり声を上げます。

- 笑わせどころですね！

- 続く"Hey, give me that doughnut!"では再び小声に。といってもお客さんには聞こえないといけませんから，小声の部分はマイクに近づいてしゃべってください。

Rawwwwrrrrrr!

Hey, give me that doughnut!

動物園 35

Child : **Mommy, that tiger just told me to give him a doughnut.**

子ども：お母ちゃん，あのトラ，「ドーナツくれ」って言ってる。

Mother : **Don't be silly! Tigers don't eat doughnuts. They eat meat.**

母：なにをアホなこと言うてんの。トラがドーナツ食べたりしますかいな。トラはお肉を食べるんです。

Child : **No, but that tiger said, "Give me that doughnut."**

子ども：だって，ほんまに「ドーナツくれ」って言ったもん。

Mother : **Are you sure? Then, why don't you give him some?**

母：ほんまに？　ほな，ちょっとあげてみたら？

Child : **OK.**

子ども：うん。

ここが Point　親子の会話

新たに登場する親子の会話では，横向きで高さの違いを出します。

誰が話しているのか一目でわかります！

"子ども"：母の方を向いて　　　"子ども"：トラを指し示しながら　　　"母"：子どもの方を向いて

Mommy,

that tiger just told me to give him a doughnut.

Don't be silly!

36　Let's 英話落語！〜じっせん編〜

ここが Point　物の動きを表現

- 😀 ドーナツの動きは，どうやって示しましょうか？
- 🙂 えっと，目線で表現します。
- 😀 そう！ 投げ込まれたドーナツの動きをイメージしながら，"子ども" と"トラ"，それぞれが目で追いかけましょう。
- 👩 演じている人物がいま何を見ているのか，しっかりと思い描くことが大切なんですね。

"子ども"　　　　トラの方を向いて
　　　　　　　　ドーナツを投げ込む

"トラ(男)"　　　落ちてくる
　　　　　　　　ドーナツを見る

動物園　37

⑧ 頭をめくってドーナツを食べるトラ

Tiger (Man) : **Yes! He gave me a doughnut! How nice of him… "Thank you!"
But wait! How can I eat with this over my face? I guess I'll just have to take it off!**

トラ(男) : ああっ！ ドーナツくれよった‼ ありがたいなあ……『サンキュー！』。しかし，この頭かぶってると食べにくいなあ。よしゃ，脱いでしもうたろ！

Child : **Mommy, the tiger pulled off his head and ate the doughnut!**

子ども : お母ちゃん，あのトラ，頭めくってドーナツ食べた！

Mother : **Wow, what a strange tiger.**

母 : まあ，おかしなトラやこと。

ここが Point "Thank you!"

ここは，よくウケるところ！ とびきりかわいく言いましょう。

Thank you!

ここが Point 人間のように動く"トラ"

- "トラ"が頭のかぶり物を取ってしまう，衝撃の場面！
- 頭をめくってドーナツを食べる"トラ"を見た"子ども"は，ビックリするだろうな～。

前足でドーナツを運び　　　　　　キョロキョロ見回し

食べる　　　　　　　　　　　　頭をめくって

驚いた表情の"子ども"

動物園　39

⑨ 客を驚かせようとするトラ

Tiger (Man): **Whoa, that was close! They almost found out I'm inside here. That kid *looks like his up to something.**

* look like one's up to something…「何かたくらんでいるように見える」

トラ(男): 危な〜。もうちょっとで人間ってバレるところや。こっちの子どもはほんまに悪そうな顔しとるなあ。

Tiger (Man): **What? "I'm going to throw a rock at the tiger"? What a rascal! Where are his parents?**

トラ(男): え, 何？「トラに石ぶつけてやる」って？ 悪いやっちゃなあ。親が注意せえよ！

Tiger (Man): **Oh, wait. What? His mom is saying something. What? "Don't throw rocks. Poke his eye with this umbrella instead!"? Parent of the year!**

トラ(男): ええっ？ 何？ お母さんがなにか言うてるぞ。なになに？「石をぶつけるのはやめなさい。そのかわり, この傘でトラの目を突きなはれ」って？ 親の方がえげつないがな。

Tiger (Man): **Fine, I will scare them away! "Wo… wo.. woof, woof!" Oops, wrong animal!**

トラ(男): よっしゃ, こいつらビックリさせてやろう！ うう……, うう……, ワン!! まちがえた!! 違う動物やがな。

聞き耳を立てる"トラ(男)"

Point 犬の鳴き声

- 鳴き声をまちがえちゃった!?
- 勢いよくほえたのに，イヌになって失敗してしまうあたりに"男"のおっちょこちょいで憎めない人柄が出てるでしょ。
- イヌの鳴き声が本物っぽいと，そのぶんおかしさが増しそうですね。
- 日本人のお客さんが多いときは「ワン」，外国人のお客さんが多いときは"woof"と使い分けるのがコツですよ。

Wo... wo.. woof, woof!

Oops, wrong animal!

⑩　場内放送を聴くトラ

Then, an announcement is played throughout the zoo.
そのとき，動物園の場内放送が始まりました。

Announcement : **DING DONG, DING DONG… Attention all visitors. Attention all visitors. We will now start our animal show. Please gather in front of the tiger cage.**

放送：ピンポンパンポーン。本日ご来場のみなさまにお伝えします。ご来場のみなさまにお伝えします。トラの檻の前にお集まりください。ただいまから，猛獣ショーが始まります。

Tiger (Man) : **Show? What show? Mr. Hasegawa never said anything about a show. Oh no! The visitors are gathering near the cage.**

トラ(男)：ショー？　ショーってなんやろ？　長谷川さん，何も言うてなかったけどなあ。あれ，お客さんがいっぱい集まってきたぞ。

A large crowd gathers outside his cage.
トラの檻の前は黒山の人だかり。

42　Let's 英語落語！〜じっせん編〜

ここが Point 場内放送

- "場内放送"の部分は，地の語りとの違いがわかるように話し方を工夫してください。
- ちょっとクセのある感じにするといいかなぁ。
- 私も特徴のあるアナウンスを参考にしてみます。

動物園 43

⑪ トラの檻の前でしゃべる司会者

Tiger (Man) : **Someone came out that looks like a host.**

トラ(男)：司会者みたいなやつが出てきたぞ。

MC : **Ladies and gentlemen, boys and girls. Thank you very much for coming to our zoo today. To show our appreciation, we would like to present an animal show. This lion here will go into the tiger's cage and the lion and tiger will fight. The lion, king of beasts, versus the tiger, king of the jungle. Enjoy the thrilling show! It will only end when one dies. Which one will win? Let the show begin!**

司会：みなさま，本日は当動物園にご来場いただきまして，あつく御礼を申しあげます。本日ご来場のみなさまに感謝をこめて，これより猛獣ショーを御覧にいれます。こちらにおりますライオンを，このトラの檻の中に放ちいれます。これから，ライオンとトラの一騎打ちが始まります。百獣の王ライオンと，密林の王者トラとの間に，いかなる戦いが展開されますか。手に汗にぎる猛獣ショー，期待をもって御覧ください。なお，この戦いはどちらかが死ぬまで続きます。では，トラさん，ライオンさん，張りきって，どうぞ！

司会者を見る "トラ(男)"

ここが Point　扇子をマイクに

- この"司会"は，前の場面の"場内放送"よりも，もっとおおげさに話しましょう！
- 一騎打ちの猛獣ショーってことは，ボクシングとか格闘技のタイトルマッチで司会するようなイメージかな。
- いいね！ ヒザ立ちになり，扇子をマイクに見立てて，とにかく過剰なくらいアピールしてください。
- クライマックスに向けて，どんどん盛り上がりますね！ 「死ぬまで続きます」のフレーズで先代のトラが死んだのはまさか…，なんて想像も広がるしハラハラします。

The lion, king of beasts

the tiger, king of the jungle

動物園　45

⑫ ライオンがトラの檻に入ってくる ━━━━━━━━━━

Tiger (Man) : **No!! Are you kidding me? I didn't hear anything about a show! No way, No way! 10,000 yen to fight with a lion?! That is not nearly enough! This really is an unbelievable job! No way! Oh no, the lion really came inside the cage! Go away, go away! Help me!**

トラ*(男)：*張りきれるかい!!　そんなこと，聞いてない!!　聞いてない!!　聞いてないがな!!　ライオンと命がけで戦って1万円？　安い安い！　安すぎるがな。なにがええ仕事やねん！　ええかげんにせえ！　わわっ，あかんあかん。ほんまにライオンが入ってきた。あっち行け，あっち行け。助けて助けて……。

⑬ 近づくライオン ━━━━━━━━━━━━━━━━━

Tiger (Man) : **Oh no! The lion is getting close! Mr. Hasegawa, Mr. Hasegawa!!! You didn't tell me about this!!!! Help me! Help me! Oh no!!!! Here he comes. The lion is coming at me.... I'm going to die...**

トラ*(男)：*ああ，もうあかん，もうあかん。ライオンが近づいてきた。どんどんこっちへやってきた。長谷川は〜ん!!　長谷川は〜ん!!　なんも聞いてないがな，こんな展開。助けて，助けて！　あかん，もうあかん。もうあかん……。おお，来た来た，近づいてきよった。もうあかん……。

ここが Point 本気で怖がる

- 本当にライオンが入ってきたつもりで、お腹の底から大声で叫んでください。それだけでも笑えます！

- "トラ"役なのを忘れて素に戻った"男"の姿は、かわいそうだけどおもしろいし、恐怖心のリアルさもアップしますね。

- ところで、二人は後半のストーリーに関係する前フリだって説明したしぐさのことを覚えてるかな？

- あっ、"園長"が檻に鍵をかけたところだ！

- 鍵をかけるしぐさをしたことで、"トラ"は檻から逃げられない状況だと、お客さんにも伝わっているんですね。あのしぐさをする意味がよくわかりました。

動物園　47

⑭　ライオンが大きな口を開ける

Tiger (Man) : **Oh no!!! The lion opened his mouth! He's going to eat me! Help me!!**

トラ(男)：わ，口開けた。わあー！　食われる！　助けて！

⑮　ライオンが男にささやく

The lion comes up to the tiger, swinging its mane, and moves its mouth to his ear and says:

ライオンはさすが百獣の王。たてがみを振り乱しながら，悠々とトラに近づくと，耳のそばへ口を持ってきて……，

Lion : **Don't worry! It's me, it's me. Hasegawa, the director of the zoo!**

(the end)

ライオン：心配するな。ワシや，ワシや。園長の，長谷川や。

（おわり）

ここが Point　全力の叫びからオチへ

- オチの前にある"トラ"の叫びは，この世の終わりかと思うほどの大声で！
- 絶体絶命の状態から，いよいよオチです。
- お客さんのドキドキも最高潮。
- ついにきたと思って強めに言いたくなるかもしれませんが，そこは我慢。力を入れず，サラッと言いましょう！

"ライオン(園長)"：
Don't worry!
It's me, it's me.

動物園　49

松山鏡
The Matsuyama Mirror

> あらすじ：鏡がまだ一般的でなかった時代，正直者の庄助という男の親孝行ぶりが評判になり，お上から褒美を下げ渡されることになりました。「もう一度，死に別れた父親に会いたい」と願う庄助に代官が与えたのは，鏡。父親とうり二つであった庄助は，鏡に映る自分の姿を父親と思い込んでしまいます……。

① 親孝行の庄助に，代官が褒美をつかわそうとする ━━━

A long, long time ago, there was a village called Matsuyama-mura where mirrors didn't exist.

昔むかしのこと，松山村と申します村のお話でございます。なんとその村には鏡というものがありませんでした。

The people living in the village had never seen or heard of mirrors.

村人たちはこれまで鏡を見たことも聞いたこともありません。

And there was a very honest man named Shosuke who lived in the village.

と，この村に庄助という，正直者の男がおりました。

Not only was he an honest man, he was a devoted son. Even 18 years after his father passed away, there wasn't a day when he didn't visit his grave.

この庄助，正直というだけでなく，それはもう親孝行な男でございまして，父親が亡くなりましてから18年間というもの，1日も墓参りを欠かしたことがありませんでした。

*The local authority was pleased by Shosuke's devotion so much that he decided to give him a reward.

庄助の親孝行ぶりを知ったお上はずいぶんとお喜びになり，褒美をつかわそうということにあいなりました。　　　　＊the local authority…「代官所（お上）」。英語の直訳では「地方行政機関」。

Shosuke was called to appear in front of the village head and gathered along with a village official.

庄助は村役人付き添いのもと，代官の前に呼び出されました。

50　Let's 英語落語！〜じっせん編〜

- 続いての演目は『松山鏡』です。
- 孝行者が主人公のありがたいお話かと思いきや，鏡を知らない人たちが珍騒動を起こす笑い話に発展しますよ。
- へぇ～，面白そう！　どんなオチになるか楽しみだな。

ここが Point　空気（雰囲気）をつくる

- 地の語りのコツは，会場全体を見渡すように，ゆっくり顔を動かすことですよね。
- それから，早口にならないことも！
- しっかり覚えてるね～。舞台に上がったとき，いちばん大切なのは，落語のストーリーにあった空気（雰囲気）をつくること。お客さんを落語の世界に引き寄せるような地の語りができるといいね。

視線はゆっくり振る

Head : **Are Shosuke and the village official here?**

代官：庄助ならびに村役人，そろいおるの？

Official : **Yes, my lord. We are here at your service.**

役人：ははっ，御前に控えております。

Head : **Are you Shosuke? I've heard that you are a devoted son. I've decided to give you a reward. You can have anything you desire. What would you like?**

代官：そのほうが庄助であるか。こなたの孝行息子ぶりは聞いておる。よって，褒美をつかわすことにした。望みのものがあればなんでもよいぞ。望みを申してみよ。

Shosuke : **Thank you, my lord. But I have not done anything special.**

庄助：ありがてぇことでごぜぇます。だけども，わたしゃぁ，特別なことはなーんもしちゃぁおりませんで。

Head : **I heard that you have been paying your respects, visiting your father grave for 18 years. I praise your behavior.**

代官：こなたは 18 年もの間，墓参りを欠かさず，孝心を尽くしておるそうではないか。なかなかできることではあるまい。

Shosuke : **But my lord, if it was someone else's father I had taken care of, I would gladly receive a reward. I simply took care of my father just like anybody else would do.**

庄助：そんでも，お代官様，これがよその父っつぁまを大事にしたってことでしたら，私も喜んでご褒美を頂戴いたしますが，わたしゃ，自分の父っつぁまを大事にしただけで，これは誰でもそうでごぜぇます。

Head : **Nevermind, you shall receive a reward. So tell me, what would you like?**

代官：まあ，深く考えずともよい。とにかくこなたに褒美を遣わすことになっておるのだ。さ，申せ。何か望みがあるであろう？

ここが Point 目線で立場を表す

- まずは基本となる上下(かみしも)について。
- 身分の高い"代官"は上手にいて右向きで話し、村人の"庄助"は下手にいて左向きで話します。
- はい,正解! じゃあ目線はどうかな? 時代劇なんかで身分の違う二人が座っている場面を想像してみて。

"庄助":目線を上に

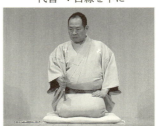
"代官":目線を下に

- お役人は高いところに座っているから,"代官"の目線は下向き,見上げる"庄助"は上向きになるのかな。
- そう,位置関係がわかりやすいでしょ。しぐさも"代官"は背筋を伸ばして侍らしく。扇子を手に,ちょっと偉そうにすると雰囲気が出ますよ。反対に"庄助"はできるだけ手を前についたまま,小さくなって話しましょう。

"庄助": Thank you, my lord.

"代官": So tell me,

② 亡くなった父に会いたいと望む庄助

Shosuke : **Thank you, my lord. Well, there is one thing I would like. But, it would be impossible to grant such a wish even by you, my lord.**

庄助 : へへー，もったいねぇことでございます。
なら，ひとつだけごぜぇますだけども……。しかしながら，いくらお代官様といえども，無理ではねぇかと……。

Head : **Shosuke, I have granted many wishes. Tell me what you wish for and I will grant it.**

代官 : 庄助，わしにできんとでも申すのか。よいから望みを申してみよ，きっとかなえて進ぜる。

Shosuke : **Thank you, my lord. Then, I have one wish.**

庄助 : 恐れ入りましてごぜぇます。そんなら，ひとつだけ……。

Head : **Name it!**

代官 : だから早う申せっ！

Shosuke : **Yes, my lord. Ever since my father passed away 18 years ago, I have missed him dearly. I wish I could see my father again, even if just in my dreams. Please give me a chance to see my father again.**

庄助 : へへぇ，では……。わたしゃ，父っつぁまが亡くなってから18年というもの，どうにもこうにも父っつぁまが恋しくてしかたありません。夢でもようごぜぇます，もう一度父っつぁまに会いてぇ。どぉぞひとつ，父っつぁまに会わせてくだせぇまし。

Head : **So… does your father live in Osaka now?**

代官 : ……，こなたの父親は大阪で生きていたりするのか？

Shosuke : **No, he is not alive.**

庄助 : そんなことはごぜぇません。

54　Let's 英語落語！～じっせん編～

ここが Point "代官"のしぐさにひと工夫

- 🧑 ここでは"庄助"の受け答えに対する"代官"のリアクションを工夫しましょう。

- 👩 なかなか望みを言わない"庄助"をじれったく思っていたら予想外の答えが返ってくるという流れですね。

- 🧑 最初は,お客さんも"庄助"の答えを待っているから,"代官"のせっかちな様子を見せると共感してくれるんじゃないかな。

- 👩 姿勢も前に乗り出したりしてね。

"代官": Name it!

So…

- 🧑 答えを聞いて一瞬だまったときの"代官"には,ちょっと間の抜けた表情が似合うかも。

- 👩 対する"庄助"は相手を困らせようとか,そんな悪気がまったくない正直者。無理難題も真剣な表情で言いそうです。

- 🧑 そうやって,この場面はこうなんじゃないかと想像をふくらませるうちに,自分らしい落語が生まれてきますよ!

松山鏡

③ 代官が庄助の望みについて思案する

Head : **I see... Village official, raise your head and come this way.**

代官： なるほど……。村役人，面を上げて近う参れ。

Official : **Yes, my lord.**

役人： ははっ。

Head : **Come closer, closer to me. Let me ask you. How old was Shosuke's father when he passed away?**

代官： もっと近う，もっと近う。ちと尋ねるが，庄助の父親は死んだとき，いくつであったのか？

Official : **I believe he was around 50 years old.**

役人： たしか，50 ばかりかと。

Head : **How old is Shosuke now?**

代官： で，庄助は今いくつじゃ？

Official : **He is 42 years old.**

役人： 42 にございます。

Head : **I see. Does Shosuke look like his father?**

代官： ふむ。で，庄助は父親に似ておるのか？

Official : **Yes, my lord. They are father and son, so of course he looks like his father.**

役人： はあ，それは父親と息子でございますので，うり二つでございます。

Head : **Hmm... I see...**

代官： ふーむ……，左様か……。

ここがPoint "代官"と扇子

- "代官"を演じるときに扇子が役に立つことは，二人とも気づいているよね。
- はい！ 身分の高い人らしい雰囲気が出ます。
- この場面でも，"代官"は扇子を使って役人たちを自分の近くに呼びよせます。
- そのしぐさ，いかにも偉い人って感じですね〜。

"代官"：
come this way.

"役人"：
Yes, my lord.

松山鏡

④　鏡を見て驚く庄助

The local authority knew that it would be impossible to grant such a wish, but could not take his words back. And he thought he had to do something...

死んだ者に会いたいなどという願いをかなえることができないことは百も承知ではありましたが，お上としては「きっとかなえる」と言った手前，今さらその言葉を引っ込めるわけにはまいりません。そこで，なんとか手立てを考えたのでございます。

Back in those days, mirrors weren't common but every local authority had a mirror that was used in religious services in their office. He called for a servant to place this mirror into a beautiful box and had it brought to him...

その頃，鏡は誰もが持っているというものではありませんでしたが，儀式に用いますために，各代官所にはひとつずつ鏡が常備されておりました。お上はお付きの者を呼び，その鏡を化粧箱に入れて持ってくるよう命じました。

Head : **Shosuke, I will grant your wish. Look inside this box.**

代官：庄助，こなたの望みをかなえて進ぜる。その箱の中を見てみよ。

Shosuke : **Yes, my lord. What is inside this beautiful box? Oh! Father! You're here, in such a small place. It's me, Shosuke. I'm OK and doing well. Please, don't cry so much. If you cry, I'll be moved to tears.**

庄助：へへぇ，これはまた立派な箱で……この中に何が……？　あ〜っ，父っつぁま！こんな小せぇところに！　庄助でごぜぇます。なんとかやっております。ああ，そんなに泣かないでくだせぇ，おらまで泣きたくなっちまう……。

Let's 英語落語！〜じっせん編〜

ここが Point　箱の中身はなんでしょう？

- ふつうに考えて，亡くなったお父さんが入っているはずもないですし，とまどいますよね。
- 箱はゆっくりそーっと開けるんじゃないかな。
- うんうん，いぶかしげな様子が見せられるといいね。

What is inside this beautiful box?

松山鏡

Shosuke : Hmmm, you look a little bit young. Anyway, I haven't seen you for a long time.

庄助 : だども父っつぁま，心なしか若こぉ見えなさるなぁ。とにかく，久しぶりでごぜぇますもんなぁ。

It's a great pleasure to see you again. Come out! Come out of the box father, come!

こうして姿をまた見られるなんて，うれしくてたまらねぇ。出てきてくだせぇ。そっから出てきてくだせぇよ，さあ！

No, I can't go inside the box, father! OK, I'll ask the local authority if it's okay to bring you back home, so please put your mind at ease…… My lord, I would like to make a request.

だめだ。おらは箱の中には入れねぇんだ，父っつぁま。よし，おらと一緒に家に帰っていいか，お代官様に聞いてみるから，どうぞ，安心してくだせぇ。お代官様，お，恐れながらお願いがごぜぇます。

Head : What is it, Shosuke?

代官 : 願いとはなんじゃ？

ここが Point　扇子を鏡に見立てる

さっきまで"代官"の小道具として使っていた扇子が化粧箱を開けたところから鏡に変化します。

1つの演目のなかで，役割が変わるんだ！

そしてまた"代官"を演じるときには扇子に戻りますよ。

鏡として使う場面で大事そうに扱うと違いが出せるかな。

60　Let's 英語落語！〜じっせん編〜

- ずっと会いたくても会えなかったお父さんに会えて、心からうれしく思っている"庄助"の様子を表現できるといいな。
- 声を大きくすると、興奮状態だって伝わるかも。
- そうだね、話し方も最初のオドオドした感じから、ガラッと変わってハキハキしゃべりましょう！

⑤ 代官から鏡をもらいうける庄助

Shosuke : **Please, give me my father.**
庄助：このお父っつぁまをくだせぇまし。

The local authority thought for a moment and then said:
お上はしばし考えてから言いました。

Head : **OK, Shosuke, I will give you the box, but do NOT show the box to anyone else! Do you understand?**
代官：よかろう，庄助。その箱はこなたに進ぜよう。しかし，決して他の者に見せてはならぬぞ。あいわかったか。

Shosuke : **It would be my great pleasure. Thank you, my lord. Now, shall we go home, father?**
庄助：そりゃもちろんでごぜぇます。ありがてぇお言葉でごぜぇます。それじゃぁ，さっそく帰ろうか，父っつぁま。

Oh, he is laughing. Surely he is pleased. I am going to take this to my home. Thank you, thank you, my lord!
ああ，父っつぁまが笑っていなさる。そりゃぁ嬉しいでしょう。へぇ，この箱を家に持って帰ります。お代官様，ほんっとに，ほんっとにありがとうごぜぇました。

Please,
give me my father.

ここが Point "NOT"を力強く

- 鏡の秘密を守りたい"代官"の気持ちになって，NOTの部分を強調してください。
- この先のストーリーに関係する伏線かな？
- お客さんの耳に残るよう，はっきり言わなくちゃ。

"代官"：
do NOT show the box to anyone else!

"庄助"：
Thank you, thank you, my lord!

松山鏡　63

⑥ 庄助の様子を怪しむ女房

Since Shosuke was an honest man, he took the box home carefully and put it away in the barn secretly.

正直者の庄助は，その箱を大事に大事に持ち帰り，誰にも見つからないように納屋に隠しました。

After that day, every morning he would go to the box and say "Good morning, father! I'm going to the farm!" and when returning from work he would say, "I'm home, father" to the box.

それからというもの庄助は，朝起きますと「お父っつぁま，おはよぉごぜぇます。今から畑に行ってめぇります」 帰ってまいりますと「お父っつぁま，今帰(けぇ)ってめぇりました」 箱に向かって話しかけております。

His wife became suspicious of his behavior, as he seemed to be hiding something from her.
One day, she entered the barn and found the box.

さて，庄助の様子に妙だな，と思ったのは庄助の女房。自分に何か隠しごとがあるのではないかと怪しみまして，ある日納屋に入り，例の箱を見つけたのでございます。

ここが Point　地の語りで後半スタート

- 話の途中の地の語りでも，顔を動かして会場全体を見渡しながらゆっくり話すことを忘れないように。
- "庄助"がお父っつぁまに話しかけるセリフのところは，声色を少し変えてみようかな。
- うん，単調にならなくていいかも！

松山鏡　65

⑦ 鏡を見つけて怒る女房

When she opened it, she was greatly surprised to see a woman's face inside.

女房がその箱を開けて驚いたのなんの！！ なんと，見知らぬ女の顔があるではありませんか。

> Wife : **Ah! What's this? He's hiding a woman inside this box. Hey, who are you? What are you doing with my husband?**
> **Why are you hiding in there?**
>
> 女房：あらっ，なんだべこりゃっ？ うちの人はこんな箱に女を隠しとったんか。 これっ，おめぇはだれだ？ おらの亭主と何してんだ？ なんでこんなところに隠れやがるんだ！
>
> **Look at your face. How could my husband be attracted to such an awful looking woman?**
>
> おめぇ，自分の面ぁ見てみろ。一体，うちの人はこんなすべたのどこがそんなにいいんだべ？
>
> **You have such an ugly face!**
>
> なんて面だ！
>
> **(Bleh!) Oh, you're sticking your tongue out at me!**
>
> （あっかんべーをする）あっ，おらにあかんべをするだか！
>
> **I will keep you inside this box so you can never come out!!**
>
> おのれ憎たらしい，閉じ込めてやるっ！

ここが Point 鏡に悪態をつく"女房"

- ここは箱の中に"庄助"の浮気相手がいると思いこんだ"女房"が一人で怒ったり泣いたりする場面です。
- 鏡に映った自分の顔とは知らず，容姿にケチをつけてしまうなんて，とっても恥ずかしいですね。
- それだけに一番の笑わせどころなんです。少々オーバーなぐらいに演じておもしろくしてください。

"女房"：

Bleh!

- "女房"のセリフで "awful looking" と "ugly"，この部分は「浮気相手」へのストレートな悪口なので特に強めに言ってください。
- ひどい言い方をすればするほど，笑いが大きくなるんだ！

松山鏡　67

⑧ 言い合いになる庄助と女房

Shosuke : **Hey Omatsu. What are you doing here?!**

庄助： おや，おまつ，そこで一体何をしてるだか？

Wife : **What?! What am I doing? What are YOU doing, Shosuke! What is this box??**

女房： 何してるだかって！？ おめぇこそ何してるだか？ この箱はなんじゃ？

Shosuke : **OH NOOOOO!!! Don't tell me you looked inside the box!!!!**

庄助： うわーーーーっ！ おめぇ，まさか中を見たんじゃねぇだろうな？

Wife : **Yes, I did! Every morning and night you would sneak here and have a woman hiding inside this box!! And an ugly woman that looks like a raccoon at that!**

女房： ああ，見たとも！ 朝な夕なにこそこそ入っていくと思ったら，箱の中なんかに女子隠しよって。それもまぁ，あんな狸みてぇな顔した女！

"庄助"：

> What are you doing here?!

68　Let's 英語落語！〜じっせん編〜

ここが Point 上下をきっちりと

- さぁ，嫉妬に燃える"女房"が"庄助"につめより，物語がオチへと動き始めますよ。
- テンポよくセリフを言い合いたい場面ですね。
- でも，話すことに気をとられて動きが止まらないか心配だな…。
- こういうときこそ，しっかりと上下をつけて誰が話しているのかをお客さんに伝えないとね。

"庄助"：

OH NOOOOO!!!

"女房"：

What?! What am I doing?

- 先に納屋にいた"女房"は，上手側で右を向いて話す！
- 反対に後から入ってきた"庄助"は，下手側で左を向いて話します。

松山鏡

Shosuke : **An ugly woman that looks like a raccoon? Are you talking about yourself? Oh no, no, no... No, it's my father inside that box.**

庄助： 狸みてぇな顔した女？ おめぇ，自分のこと言ってんのか？ いや，いや，いや，そうじゃなくて，その箱の中にいるのはおらの父っつぁまでねえか。

Wife : **What do you mean your father?! There is a woman inside the box! You said you like beautiful women like me. There is an ugly woman inside the box!!**

女房： 言うにことかいて，お父っつぁまだと？ 箱の中には女子がいるでねえか！ おめぇ，おらみてぇなきれいな女子が好きだっつったもんが，箱にすべたを隠すんか！

Shosuke : **Stop saying he's ugly. You're the one who's ugly.**

庄助： すべたっつって，おめぇがすべたじゃねえか。

Wife : **What? Did you just call me ugly? How dare you say that to your wife!**

女房： 何だって？ 今，おらのことすべたっつうたか？ よくも言えたもんだ！

ここが Point かけあいを楽しく

- ばかばかしい痴話ゲンカですが，"庄助"が"女房"に対して意外と的確なツッコミをいれてるんですよ。

- "Are you talking about yourself?"（おめぇ，自分のこと言ってんのか？）なんてね。

- お客さんに楽しんでもらえるよう，どちらが話しているのか，しっかりと違いを出したいです。

言い返す"庄助"  VS つめよる"女房"

- "do NOT show the box to anyone else!" と "代官" が "庄助" に命じたこと，覚えているかな？

- ええ，命令を忠実に守って，"庄助"は"女房"にも誰にも鏡の箱のことを言いませんでした。

- そのせいで二人のモメ事が大きくなっちゃったけど。

- 鏡というものを知っている誰かに箱を見せていれば，浮気うんぬんのケンカにはならなかったのにねぇ。

松山鏡

⑨ 庵主が夫婦ゲンカの仲裁に入る ━━━━━━━

At this point, they began to fight. Just then, a Buddhist nun, with a traditional shaven head, happened to pass by.

もうこうなったら，取っ組み合いのケンカです。ちょうどそこへ尼さんが通りかかりました。当時の尼さんは剃髪するのがならわしでした。

Nun : **Hey, hey, hey! Stop fighting! What's going on here? What's the matter with you two? What happened?**

庵主：まぁまぁまぁ，おやめなされ。全く，どうしたのだ？　一体何があったというのだ？

Wife : **Oh, it's you, *Mother. Shosuke is hiding a woman, an ugly woman who looks like a raccoon inside this box!**　　　　＊Mother…「庵主さま」。尼寺の主である尼僧の呼び方。大文字で表す。

女房：庵主さん，聞いてくれ。庄助どんが，狸みてぇなすべたを箱の中に隠しております。

Nun : **An ugly woman who looks like a raccoon... Are you talking about yourself?**

庵主：狸みてぇなすべた？　それは，お前のことか？

Wife : **How rude! You're calling me ugly, too? No, the woman inside this box! He's hiding a woman inside this box!!**

女房：ばか言うな！　庵主さんまでそんな！　箱の中の女子のことじゃ！　庄助どんが箱の中に女子を隠しておるんじゃ！

Shosuke : **No, that is not true! It's my father!**

庄助：そんなわけねぇ！　中にいるのはおらの父っつぁまじゃ！

Wife : **He's lying! There is a woman inside the box!**

女房：嘘こくでね！　女子じゃねえか！

72　Let's 英語落語！〜じっせん編〜

ここが Point 三人の人物を演じる

- 👦 わっ，三人で会話する場面だ!?
- 👧 人物像を伝える演技ができればいいけど，難しそうですね。
- 👨 まずは，誰がどの位置にいて，誰に話しかけているのかをきちんと整理すること。そうすれば，上下をつけるときに迷わないからね。

〈演じている人物〉

松山鏡

⑩　庵主が鏡を見る

Nun : **Wait, now. Calm down. Please, let me see inside the box so that I can see for myself who is in the box and settle this matter. Please, let me see inside the box.**

庵主：まあ待て待て。落ち着け。どうじゃ, 私がこれから箱の中を見てもかまわんか？いったい誰がいるのか, 私がこの目で確かめれば双方とも納得するのではないか？

Nun : **Oh... It's not an ugly woman. It's a beautiful woman inside the box. She must have heard you two fighting and felt bad. She shaved her head and became a nun.** (the end)

庵主：おや……, すべたではないの。美しい女子じゃ。ああ, この女子はお前たち二人が喧嘩しているのを聞いたのであろう, 面目ないと……尼になりよった。
(おわり)

"庵主"：

It's a beautiful woman inside the box.

Point "became a nun"

- いよいよクライマックスです。
- オチの "became a nun" は，鏡の中の「浮気相手」が尼になったとお客さんに伝わり，笑いになるようなしぐさで言いましょう。
- それなら，"庵主"の登場シーンで当時の尼さんは剃髪するのがならわしだと語ったことを前フリにできるかも。
- ツルツル頭をなでるしぐさをしたら，わかりやすいかな？
- うんうん，チャーミングな"庵主"になっていいね！

"庵主"： became a nun.

松山鏡

- これにて英語落語のじっせん編も終了です。ラク美さん，ラク太くん，いかがでしたか？
- 初心者でもこういうところに気をつければいいんだなというポイントがわかったので心強く思いました。
- ボクも！ それに落語のおもしろさもわかったから，いろいろな演目をもっと知りたいです。自分で英語落語に翻訳するなら…，なんて考えるのも楽しそう！
- 英語の発音や文法に多少不安があっても，しぐさを交えたり伝えようという気持ちで話すことが大事ですね。
- そう，まずは人前で話してみること！ その経験が自信につながるからね。積極的に機会をつくって英語落語を披露してください。英語で相手が笑ったら，めちゃくちゃうれしいよ!!

あとがき

英語落語、いかがでしたか?

英語小噺を一つ覚えたら、まず人前でやってみてください。外国人のお友達や先生、道を歩く観光客でもいいです。絶対ウケますから!

その笑顔がコミュニケーションのきっかけです。

「笑いは世界の共通語」です。

世界各国あちこち行きましたが、公演前と後とでは、お客さんの親密さ加減が全然違います。

一緒に笑い合った後は、本当に仲良くなれます。

笑顔は人を惹きつけます。

笑顔は伝染します。笑顔は幸せな気分を作ります。

笑顔で落語が楽しめる時代が続くよう祈りながら。またどこかの高座でお会いしましょう!

桂 かい枝

桂かい枝の Let's 英語落語！

2016 年 8 月 19 日　　初版第 1 刷発行

著　者　桂　か　い　枝

発行者　小　林　一　光

発行所　教育出版株式会社

〒 101-0051　東京都千代田区神田神保町 2-10

電話　03-3238-6965　振替　00190-1-107340

©K.Katsura 2016
Printed in Japan
落丁・乱丁はお取替いたします。

写真　佐野勝哉
英文校正　Gregory Rhame
組版　ムック
印刷　モリモト印刷
製本　上島製本

ISBN978-4-316-80385-2　C0082